ACCUSATION

DEVANT

LE TRIBUNAL DE L'OPINION PUBLIQUE,

CONTRE

L'INSTITUTION

DU GOUVERNEMENT MINISTÉRIEL;

Par M. A. L. TAILLANDIER.

A PARIS,

Chez **PETIT**, Libraire, au Palais Royal,
Galerie de bois, N°. 257.

1819.

ACCUSATION

DEVANT

LE TRIBUNAL DE L'OPINION PUBLIQUE,

CONTRE

L'INSTITUTION

DU GOUVERNEMENT MINISTÉRIEL.

Les uns vantent les talens des Ministres, les autres célébrent leurs bonnes intentions; cependant les Ministres font mal, ils laissent détruire l'œuvre social qu'ils sont chargés de conserver, et mènent la France à sa perte avec une rapidité effrayante; d'où vient cette contradiction? Le voici: ce ne sont pas les hommes Ministres qui péchent ici; c'est l'institution du ministère qui est mauvaise: conservez l'institution et changez les hommes, vous aurez toujours les mêmes résultats; brisez l'institution en laissant les hommes, et vous rendrez des actions de grâces à ceux que vous accusez aujourd'hui. Dans l'ordre social, les hommes sont de simples conducteurs ; ce sont les doctrines et les institutions qui seules produisent des effets : c'est donc aux doctrines et aux ins-titutions, et non aux hommes, qu'il faut s'attacher. C'est sous ce point de vue que je viens dénoncer au tribunal de l'opinion publique, le gouvernement ministériel, comme une institution anti-sociale, con-traire à la Charte royale, et en opposition permanente avec l'ordre et la stabilité, seuls buts de toute société.

Avant de développer mon accusation, je dois expliquer le sens des mots : car quoi-que mon accusation ne doive amener peine capitale contre personne, toujours est-ce une accusation, et ce mot recommande par-dessus tout, franchise et bonne foi. C'est principalement l'idée représentée par le mot *gouvernement*, que je dois éclaircir.

Il faut distinguer deux choses dans le corps politique, comme dans le corps hu-main : ce qui le constitue et ce qui le conserve. Ce qui constitue une nation, c'est une même religion, une même morale, de mêmes lois; ce qui conserve une nation, c'est une autorité en rapport avec son éten-due, qui fait respecter par tous la religion, la morale et les lois. Pour avoir une idée complète d'une nation, il faut réunir dans son esprit ce qui la fait être, et ce qui la conserve; ces deux choses sont inséparables.

Avant la révolution les dogmes de la re-ligion chrétienne, certains principes de con-duite nés de l'épuration des mœurs , les lois générales du royaume, les coutumes particulières des provinces, donnoient l'être au corps politique de France. L'autorité royale agrandie, suivant les développemens de la société, le conservoit, en maintenant le respect et l'obéissance due aux puissances constitutives de l'ordre social. En cet état de choses, on n'appeloit pas l'autorité royale gouvernement, ou si l'on employoit ce mot, on ne lui donnoit pas un sens actif sur la constitution du corps politique. On entendoit par gouvernement une puissance simplement conservatrice; l'autorité royale ne faisoit que conserver une chose déjà existante : gouverner, c'étoit administrer d'après des bases reconnues.

Depuis la révolution, on a donné un autre sens au mot *gouvernement*; ou pour mieux dire, ce mot a pris une nouvelle acception dans les faits qui appartiennent à la révolution.

La révolution a détruit la religion, la morale, les lois générales, les coutumes particulières; en un mot, tout ce qui faisait la société en France. Elle a détruit par suite l'autorité royale qui maintenoit les bases de l'union. Après les destructions, les révolutionnaires parlèrent de refaire le corps politique; mais l'œuvre étoit impossible : on ne fait pas une nation comme on fait un meuble. Pour faire une nation, il faut une doctrine sociale, il faut l'action lente du temps, il faut des hommes façonnés à l'ordre, et rien de tout cela n'existoit. Dans leur embarras, les révolutionnaires essayerent de conduire la masse d'individus répandus sur le territoire de la France dans un sens rapproché de la civilisation ; pour cela ils imaginèrent de créer une autorité vigoureuse destinée à suppléer les constitutions sociales et à faire ce que faisoient autrefois la religion, la morale et les lois ; cette autorité fut appelée gouvernement.

Ici se développe la nouvelle acception du mot gouvernement : le gouvernement n'est plus aujourd'hui une autorité chargée de maintenir une nation dans un état donné de société. Ce n'est plus une simple puissance conservatrice ; c'est une puissance active, c'est une autorité créatrice qui doit produire et conserver à la fois. Le mot gouvernement représente actuellement cette autorité absolue qu'un chef de tartares a sur la horde qu'il conduit. Cette autorité tient lieu de tout; de religion, de morale, de lois, de coutumes ; c'est l'idée de force appliquée à la chose sociale. Avant la révolution, gouvernement vouloit dire administration ; aujourd'hui gouvernement veut dire toute-puissance. Autrefois on obéissait aux choses en obéissant aux hommes ; aujourd'hui on obéit aux hommes qui vous parlent des choses.

La nouvelle institution de gouvernement fut appelée tantôt Directoire, tantôt Consulat, tantôt Empire ; le nom ne fait rien à la chose. Sous le directoire, sous les consuls, sous l'empereur, le gouvernement eut toujours les mêmes fonctions ; toujours ce fut une forte autorité non pas chargée de faire régner la religion, la morale, les lois et les coutumes d'une nation qui n'en avoit plus, mais chargée de conduire, au jour le jour, une masse d'individus vivant à côté les uns des autres, sans religion, sans morale, sans lois et sans coutumes. Ainsi le mot gouvernement représente aujourd'hui une idée toute différente de son ancienne acception.

Cette explication étoit nécessaire au développement de mon accusation ; encore quelques mots sur les faits qui ont accompagné la naissance de l'être moral que je dénonce.

Ce fut après l'anarchie de 1792 et 1793, que parut la nouvelle conception appelée aujourd'hui gouvernement. Malgré l'état d'abrutissement où le régime de la terreur avoit jeté les français, cette conception eut soulevé tous les esprits, si elle n'eût trouvé des appuis en Europe ; mais les puissances étrangères, n'ayant pas craint de jouer avec le monstre naissant, le reconnurent comme une œuvre régulière et traitèrent d'égal à égal, avec des hommes qui marchoient sans religion, sans morale et sans lois. Le gouvernement français, fier de cette alliance avec les puissances légitimes, y puisa une grande force contre ses nouveaux serfs, et bientôt employa cette force à réagir avec une violence terrible sur ceux-là mêmes qui l'avoient laissé naître et grandir.

Déjà cinq à six puissances régulières de l'Europe n'existoient plus ; on apercevoit le moment où les autres chancelantes alloient disparoître ; lorsque l'homme qui avoit su mettre de l'unité dans l'œuvre révolutionnaire fut tout-à-coup renversé ; le sceptre de fer qui alloit peser sur l'Europe fut brisé dans la chute de Bonaparte.

Les Bourbons rentrèrent en France.

La nature du nouveau gouvernement ne pouvoit s'accorder avec le retour des Bourbons. Cette institution n'ayant été créée que pour remplacer la religion, la morale et les lois dont on ne vouloit plus, devoit nécessairement disparoître devant la religion, la morale et les lois, qui de droit rentroient en France avec la légitimité et les Bourbons : aussi l'autorité royale ne continua-t-elle pas les formes farouches du gouvernement de l'an 3. Louis XVIII pour donner des guides à son autorité, s'occupa de faire revivre la religion, la morale et les lois, et ne prétendit pas puiser dans ses volontés ou celles de ses Ministres, les règles qui alloient désormais gouverner la France. L'autorité souveraine cessa d'être créatrice, et fut rendue à sa véritable fonction, celle de régir et de conserver.

Les révolutionnaires ne virent pas sans inquiétude reparoître une autorité légitime dont le retour alloit nécessairement amener le rétablissement de l'ordre social ; ils com-

plotèrent et amenèrent le 20 mars : Bonaparte vint reprendre son sceptre.

L'Europe trembla de nouveau, mais en-
couragée par ses premiers succès, et profi-
tant habilement des circonstances où se
trouvoit la France, elle renversa une seconde fois son vainqueur.

Louis XVIII reprit les rênes de l'État et
les français se retrouvèrent encore sous
l'autorité royale. C'est à cette seconde ren-
trée du Roi que l'autorité souveraine é-
prouva le changement que je viens dénoncer au tribunal de l'opinion publique. Jusqu'alors le Roi de France avoit exercé seul
toute l'autorité nécessaire à la conservation
du corps politique. Cet exercice n'avoit
souffert d'autres exceptions que celles éta-
blies par la Charte de 1814, et cette Charte
réservoit formellement à la personne royale
tout ce qui appartenoit à l'administration ;
cependant depuis le 8 juillet 1815, ce n'est
plus la volonté royale qui gouverne ; c'est
un conseil de Ministres, c'est une assemblée délibérante, c'est un corps moral connu
sous le nom de Ministère. C'est cette institution que je dénonce comme anti-sociale,
anti-monarchique, et contraire à la Charte
comme au bonheur public.

Mon accusation ne doit pas répandre
l'alarme ; je ne viens solliciter de peines
ou même de blâme contre personne ; j'at-
taque un être moral ; un tel combat n'en-
traîne ni sang ni douleur ; quelle qu'en soit
l'issue, il n'en peut sortir que du bien pour
le public.

OBSERVATION GENÉRALE.

Le gouvernement ministériel ou le ministère gouvernant est une institution toute différente du gouvernement royal ; c'est dans cette différence que se trouve toute la culpabilité de l'institution que je dénonce.

Le gouvernement royal connu en France en 1789, consistoit en ce que l'autorité souveraine, cette autorité sans laquelle il n'y a pas de société possible, étoit déposée toute entière et sans réserve entre les mains d'une seule famille, avec transmission par voie de succession et ordre de primogéniture de mâle en mâle. Remarquons bien que l'autorité souveraine n'étoit pas le droit de façonner la nation à volonté ; la providence seule fait les nations et leur donne des lois : les puissances humaines qui ne peuvent rien créer, ne font pas de lois, elles maintiennent seulement les lois existantes : la souveraineté des rois n'est que conservatrice.

Pour recevoir un pareil dépôt, la famille royale étoit placée au-dessus de l'ordre social ; son existence privilégiée lui donnoit une grande élévation morale ; d'immenses propriétés foncières consolidées par le principe de l'inaliénabilité lui assuroient non-seulement tous les besoins de la vie, mais toutes les jouissances connues ; la famille royale n'avoit rien à désirer des avantages sociaux. Dégagé de tout intérêt personnel, l'être royal ne pouvoit que développer les sentimens de bonté que la nature a mis dans tous les cœurs ; toutes les inspirations de la royauté étoit nécessairement bonnes, le mal eut été un effet sans cause ; enfin la loi de l'hérédité corrigeoit les effets inévitables du temps et de la destruction. Le Roi ne mouroit pas en France, et bien qu'il y eut changement d'individu, c'étoit toujours le même être moral.

Comparons cette institution avec celle du gouvernement ministériel. La base de ce gouvernement est de confier l'autorité souveraine, à un comité d'individus tirés arbitrairement de toutes les classes de la société et ne tenant à aucune institution préexistante. Dans le gouvernement ministériel, c'est le collège des Ministres qui décide, prononce, agit, en un mot qui gouverne ; lui seul a le pouvoir et l'exerce tout entier. Certes cette autorité est toute différente de l'autorité royale, que nous avons connue jusqu'en 1789. La personne du Roi n'est plus rien ici, puisque c'est un comité délibérant qui donne les ordres. Les sentimens obligés de l'être royal, les inspirations données par l'institution de la royauté ne servent plus ici la chose publique ; c'est l'intérêt momentané de six ou sept individus mus par toutes les passions personnelles, qui est le régulateur de la machine sociale ; et non-seulement la volonté de la personne régnante est étran gère au gouvernement, mais l'influence de la famille royale, chargée collectivement du dépôt de l'autorité souveraine, cesse toute entière. Le gouvernement ministériel est la copie fidèle du gouvernement de la France vers la fin de la première race : dans ces temps, dit Montesquieu, les Rois avoient le nom et les Maires du palais avoient l'autorité (*) ; c'est l'histoire de nos jours ; ainsi tout l'avantage de nos grandes lumières a été de nous faire reculer au sixième siècle. Il y a donc une différence totale entre le gouvernement royal et le gouvernement ministériel ; il faudroit nier la lumière, pour vouloir nier cette différence. Ceci posé, voici mes griefs d'accusation.

PREMIER GRIEF.

Le gouvernement ministériel est une institution anti-sociale.

Autrefois la France trouvoit dans la famille royale, un conservateur de l'ordre qui ne pouvoit avoir d'autre intérêt que l'intérêt public ; des Ministres-Rois qui viennent tour-à-tour apporter leur ambition particulière, leurs fortunes à faire et leurs amis à placer, n'offrent en garantie aucune idée nationale qui tende au bonheur du peuple.

(*) Si les mêmes faits doivent toujours donner les mêmes résultats, que faut-il penser du sort qui attend la troisième race des Rois de France ?......

Une nation n'existe que par la continuité des mêmes principes moraux et des mêmes devoirs à remplir. Devoir et société sont deux idées corrélatives qui ne peuvent être séparées; avec un gouvernement variant de maximes à chaque changement de ministère, où les citoyens trouveront-ils l'idée de leurs devoirs ? À quelle époque s'arrêteront-ils pour prendre la tradition du bien ? Où sera la chaîne morale qui liera les générations ? Depuis le deuxième retour de Louis XVIII, onze à douze Ministres ont possédé la souveraineté. Lequel de ces souverains passagers doit dicter à la nation ses inspirations morales ? Est-ce chez MM. *Talleyrand*, *Fouché*, *Decazes* ou autres, qu'il faudra puiser les sentimens généreux qui doivent relever la nation française ?

Il faut proclamer une grande vérité : ce ne sont pas les individus qui fixent le sort des nations, ce sont les doctrines. L'individu ne peut rien par lui-même, il n'est qu'un instrument qui réalise sans le savoir les effets des principes répandus dans l'Univers. Ce n'est pas comme hommes que les *Capets* ont amené l'illustration de la France, c'est comme représentant l'institution de la royauté. Ce n'étoit pas les personnes rois qui agissoient dans le gouvernement, c'étoit le principe de la royauté qui produisoit ses effets. Comment des Ministres changeant continuellement, pourront-ils donner les produits d'une institution fixe et permanente ? Comment des individus pourront-ils remplacer un être moral ? Les principes qui animeront les Ministres gouvernans seront toujours les principes de l'individualité; ce sera toujours l'intérêt du moment, ce sera toujours l'intérêt de la personne; ce ne sera jamais l'intérêt d'une institution, puisqu'ils n'en représentent aucune. Les docteurs révolutionnaires ignorent absolument les voies du monde moral; pour règler la marche des sociétés, ils s'adressent toujours à l'individu, tandis qu'il n'y a pas d'ordre social possible avec l'intérêt individuel. Quelque éclairé que soit un homme, de quelque génie qu'il brille, s'il n'appartient pas à quelque institution, s'il n'est pas inspiré par quelque principe moral, ce n'est qu'un individu, ce n'est pas un être social, et tout son génie ne sera qu'un fléau. Au contraire l'homme le plus borné du côté des lumières, lorsqu'il suit l'impulsion d'une institution, rend de véritables services à la chose publique, en réalisant les effets du principe moral qui l'inspire.

La France avec l'autorité souveraine déposée entre les mains de la famille royale, avoit un guide sûr qui conservoit à la société la même physionomie, du moins autant que le permet l'ordre de la nature; c'étoit toujours la même idée de justice, d'honneur, de bien public. Avec des Ministres gouvernans, l'allure de la société change non-seulement à chaque ministère, mais encore à chaque nouvel intérêt du même ministère. Chaque Ministre en moutant sur un des coins du trône, apporte ses passions et ses idées personnelles, et la souveraineté prend ainsi la teinte de tous ceux qui arrivent des frontières de la société pour l'exercer.

Il faut bien distinguer entre ces deux choses : le Roi et la royauté ; le Roi est un individu sujet comme tous les hommes aux chances de l'humanité ; la Royauté est une institution formée de plusieurs élémens moraux, qui marche toujours dans la direction des principes qui l'ont fondée. La royauté comme institution a une volonté fixe, stable et permanente, c'est ce résultat que ne donneront pas des Ministres mobiles qui peuvent avoir beaucoup de lumières, mais qui n'ont pas les inspirations nécessaires de la royauté. Pour remplir dignement les devoirs d'une institution sociale, il faut avoir été formé pour cette institution ; ce n'étoient ni les sciences ni le talent qui faisoient le Romain, c'étoit la nourriture morale des dogmes de la république : pour exercer la royauté il faut être de la famille des Rois.

Louis XVI a présenté en sa personne la différence du Roi et de la Royauté. Jusqu'en 1789 il posséda la royauté ; en 1791 il fut Roi des français, la distinction étoit conséquente ; en 1789 la France étoit un corps moral formé du passé, du présent et de l'avenir, elle pouvoit avoir des institutions qui appartinssent à son existence collective ; en 1791 les français dégagés de tout lien social n'avoient besoin que d'un maître pour les empêcher de s'égorger entr'eux ; l'individu leur suffisoit. Bonaparte ne s'y trompa pas, il savoit bien qu'il ne possédoit pas la royauté, mais il voulut la fonder ; il échoua, parce qu'il ne connut pas les loix du monde moral.

DEUXIÈME GRIEF.

Le gouvernement ministériel est contraire à la Charte royale.

Lorsque les français fatigués des essais politiques faits sur eux depuis vingt-cinq ans, sont rentrés sous l'autorité royale des Bourbons, cette autorité n'a subi d'autres changemens que ceux établis dans la Charte de 1814. La nation française a recouvré avec Louis XVIII toutes ses anciennes institutions, en tant qu'elles ne sont pas altérées par la Charte, elle est redevenue ce qu'elle étoit en 1789, sauf les modifications de la Charte ; c'est-là ce que veut dire le retour à la légitimité. Maintenant dans quel article de la Charte, voit-on l'établissement d'un gouvernement ministériel ; où le Roi a-t-il dépouillé la famille royale du dépôt de l'autorité souveraine, pour le confier à des Ministres temporaires ; où le Roi a-t-il supprimé l'institution de la royauté pour la remplacer par un comité directorial ? Loin de rien voir de semblable dans la Charte, chaque français y lit au contraire qu'en France le Roi est le chef

suprême

suprême de l'administration. Comment donc des hommes nommés par le Roi, pour agir d'après ses ordres, sont-ils devenus ses maîtres ? Comment du rang de simples mandataires, se sont-ils élevés à la souveraineté ? Comment ont-ils osé proclamer devant l'Europe, que la famille royale n'étoit plus rien dans l'institution de la royauté, et qu'eux seuls alloient l'exercer toute entière et sans réserve ? C'est-là une usurpation mille fois plus dangereuse que toutes celles faites depuis l'ère révolutionnaire. Les hommes de 1792, en renversant Louis XVI, ne firent qu'interrompre la royauté ; mais par le gouvernement ministériel, la royauté est totalement anéantie : elle est détrônée sans retour.

TROISIÈME GRIEF.

L'établissement du gouvernement ministériel est un œuvre de ténèbres.

Lors du premier retour du Roi en 1814, personne n'eut l'idée du gouvernement ministériel ; en revoyant la famille royale, chacun crut revoir cette tige chérie, choisie par la providence pour posséder la souveraineté sur la France, et façonnée à cette possession par huit siècles d'exercice. De son côté, le Roi nomma des Ministres pour administrer d'après ses ordres et sous son influence ; nul des Ministres n'imagina non plus avoir été établi Roi de France pour un septième. Ce ne fut qu'après la rebellion de

**

1815, que fut proposé dans le mystère ce monstrueux établissement du gouvernement ministériel : il fut réalisé à Saint-Denis, lorsque les rebelles avoient encore les armes à la main, lorsqu'ils osoient proposer au Roi d'adopter les couleurs de la révolution, lorsqu'ils lui fermoient audacieusement les portes de sa capitale ; aussi les auteurs de cet établissement n'osèrent-ils l'avouer. Il n'existe aucun acte public qui ait annoncé à la France ce changement de monarchie: aucune proclamation n'a porté officiellement aux français cette funeste nouvelle qu'il n'y avoit plus de royauté en France, et que tout le pouvoir du Roi étoit désormais de nommer ses maîtres. Les Ministres eux-mêmes, honteux de leur élévation, n'ont osé la révéler, et les quatre-vingt-dix-neuf centièmes de la nation, ignorent encore qu'ils ont perdu le gouvernement royal, pour passer sous le gouvernement ministériel, ou du moins ignorent la nature du gouvernement ministériel. C'est ainsi que le changement le plus important, opéré dans l'existence de la nation française, a été fait dans l'ombre, par le crime, et à l'aide de la rebellion et de la force.

QUATRIÈME GRIEF.

Le gouvernement ministériel est destructif de l'unité de pouvoir.

S'il est un principe vrai et attesté par l'expérience de tous les siècles, c'est la nécessité d'un centre pour le pouvoir qui gouverne ; l'autorité souveraine indispensable à l'existence de toute société , doit toujours partir d'un point unique : l'unité de pouvoir est aussi vraie que l'unité de Dieu. Cependant que deviendra la société française , lorsque le pouvoir souverain se trouvera divisé entre six ou sept personnes animées de passions différentes et occupées de travaux divers. Dans le gouvernement ministériel, c'est la majorité qui décide ; mais une majorité, fixée aujourd'hui par l'influence de tel Ministre , et demain par l'influence de tel autre Ministre , ne donne pas l'idée que nous nous formons de l'unité de pouvoir. Ce n'est pas ici une même source qui amène toujours les mêmes eaux ; ce sont des sources différentes qui peuvent se réunir, mais qui ne donneront toujours qu'un résultat mélangé. Six ou sept personnes délibérant ensemble, ont pour points de mire de leur intelligence, des bases différentes et qui souvent n'ont aucun rapport les unes avec les autres ; dès lors elles ne peuvent produire ce résultat moral appelé volonté. Le Ministre de la guerre ne voit pas comme le Ministre de l'intérieur ; le Ministre des finances n'entre pas dans les combinaisons du Ministre de la marine ? Comment faire sortir une unité de parties si hétérogènes ? Aujourd'hui c'est le Ministre A qui l'emporte, demain c'est le Ministre B , après demain le Ministre C , etc. Où trouver là cette fixité, cette permanence sans laquelle toute volonté n'est rien ? Ensuite la délibération prise, que deviendra l'exécution ? Si le Ministre de la guerre a été vaincu dans la majorité, et qu'il s'agisse de sa partie, fera-t-il exécuter avec beaucoup d'empressement, une mesure qu'il sait par expérience être dangereuse à l'État ? Le Ministre des finances fera-t-il marcher sa machine avec grande rapidité, lorsque le Conseil délibérant en aura, contre son avis, embarrassé tous les rouages ? Ainsi point de volonté dans la délibération, embarras dans l'exécution : voilà les effets nécessaires d'un gouvernement ministériel.

Si l'on vouloit ramener en France l'anarchie, on ne pouvoit mieux faire que d'y établir le gouvernement ministériel ; aussi l'expérience a-t-elle répondu à l'établissement. La postérité ne pourra expliquer l'étrange manière dont la France a été gouvernée depuis le deuxième retour du Roi, que par l'institution d'un ministère gouvernant. Quand elle verra la chambre des députés d'abord augmentée, puis tout-à-coup réduite ; quand elle verra les mêmes hommes célébrés et persécutés pour leur attachement à la famille royale ; quand elle verra le gouvernement se rire de tous les principes de justice, jouer avec les crimes, et rompre arbitrairement l'équilibre de tous les pouvoirs ; elle jugera qu'il n'y avoit plus en France unité de pouvoir ; elle jugera que l'autorité royale ne subsistoit plus ;

elle jugera qu'il n'y avoit plus d'institution, et que les hommes avoient pris la place de la royauté.

Dans l'ancienne société française, bien que la famille royale eût comme institution le dépôt de la souveraineté, le Roi seul l'exer-çoit ; il n'y avoit qu'un chef, il n'y avoit qu'un maître ; et par là étoit réalisée l'u-nité de pouvoir avec l'existence d'un être collectif pour transmettre le pouvoir. Dans le gouvernement ministériel, l'unité de pou-voir ne sortira jamais d'un comité renou-velé arbitrairement, où peuvent se rencon-trer mille idées contradictoires, où chaque intelligence qui délibère envisage un côté différent de l'objet mis en délibération. Il y a là impossibilité absolue de rencontrer le caractère de fixité qui doit appartenir au pouvoir (*). Que diroient les Ministres gouvernans, si dans les différens ministères, les chefs de division prétendoient se réunir en Conseil de commis, et exercer ainsi l'au-torité du Ministre. Sans doute ils répon-droient à ces chefs de division, que pénétrés chacun des détails de leur partie, ils ne peuvent sentir ce qui appartient à l'en-semble ; sans doute ils leur répondroient que pour faire un œuvre raisonnable, il faut qu'une même intelligence embrasse

---

(*) M. de Sully, qui s'entendoit au gouvernement, a dit quelque part dans ses Mémoires : « Si la sagesse des-» cendoit sur la terre, elle aimeroit mieux se loger dans » une seule tête que dans celles d'une compagnie. » Qu'eut-il pensé d'une royauté en sept personnes ?

tous les rapports d'une chose et les combine dans un seul foyer ; sans doute enfin ils leur répondroient que ce seroit là une véritable usurpation de leur pouvoir ministériel, et que ce seroit les réduire à n'être que des mannequins de représentation. La France a le droit de leur faire les mêmes observations sur le gouvernement ministériel, et ces observations sont d'autant mieux fondées, qu'il y a plus loin de la personne royale à des Ministres, que du Ministre à ses chefs du bureau.

CINQUIÈME GRIEF.

Le gouvernement ministériel est une injure permanente à la personne régnante.

C'est un principe constant et qui ne sera contesté par personne, qu'on ne peut déléguer le pouvoir qui vous est attribué par une institution ; c'est à la volonté de la personne instituée que ce pouvoir est confié, et nul ne peut vouloir par un autre. Ainsi le magistrat ne peut déléguer le pouvoir de juger ; ainsi le Ministre ne peut choisir un autre individu pour administrer à sa place ; ainsi le général ne peut nommer un autre général pour remplir la mission qui lui est donnée. Ce même principe fait que l'autorité souveraine appartenant au Roi, ne peut être déléguée. Dans la royauté, c'est le Roi qui doit vouloir, parce que l'institution est telle que la volonté du Roi est nécessairement droite, et que toutes les parties de l'institution, ont été arrangées pour amener cette rectitude. Si le Roi pouvoit déléguer le droit de vouloir, l'institution de la royauté cesseroit d'exister, puisque la personne qui voudroit, n'auroit plus la rectitude de jugement qui appartient à l'institution. Ce seroit l'être individuel qui prendroit la place de l'être moral ; ce seroit la volonté personnelle qui viendroit remplacer les sentimens inspirés de l'institution. Le Roi ne peut donc déléguer l'exercice de la souveraineté.

Si cependant les Ministres du gouvernement français exercent la souveraineté, quelle est donc la source de leur droit ? Il n'est que deux cas où l'exercice de la souveraineté qui n'est pas *déléguable*, peut être rempli par d'autres que par le Roi. Le premier cas est celui de la minorité où la faiblesse de l'âge ne permet pas que l'homme tienne lieu de l'institution. Le deuxième cas est celui où l'individu Roi est attaqué de quelqu'accident grave qui le prive de ses facultés morales, comme le Roi *Georges* en Angleterre. Entre ces deux cas, les seuls possibles, le premier ne peut regarder Louis XVIII ; son âge comme ses vertus lui attirent les respects de toute la France. C'est donc le second cas où les Ministres gouvernans ont voulu le placer ; c'est donc une interdiction qu'ils ont osé prononcer contre leur Roi ; c'est une tutelle qu'ils ont imposée à leur maître, et cette tutelle, ils n'ont pas rougi de se l'attribuer. Appelés pour exécuter des ordres, ils se sont gratifiés du droit d'en donner ; nommés pour obéir à la volonté d'une institution, ils ont prétendu valoir mieux que l'institution et la remplacer par leurs combinaisons individuelles ; choisis enfin pour être les premiers sujets du trône, ils s'en sont dits les possesseurs, et ont réduit à une vaine représentation l'homme Roi que la providence avoit chargé de l'exercice de l'autorité souveraine. Cette injure envers la personne régnante, retombe de tout son poids sur la nation française, et la frappe de toute l'atteinte portée à la majesté et à la sagesse de son Roi.

On fera peut-être quelques objections contre mon accusation : j'en vais prévoir deux et y répondre à l'avance.

PREMIÈRE OBJECTION.

Le gouvernement ministériel existe en Angleterre ; or, en fait d'institutions politiques, la nation Anglaise est le type de la perfection.

RÉPONSE.

J'ai lu l'histoire Romaine que probablement aussi ont lue nos législateurs modernes ; je n'y ai vu nulle part, que l'on ait proposé pour gouverner la république, d'aller prendre les institutions de Carthage. J'ai parcouru l'histoire ancienne et moderne, et je. n'y ai pas remarqué qu'aucun peuple jusqu'à présent ait eu la grande idée d'aller puiser ses moyens de salut chez ses ennemis. *Timeo Danaos et dona ferentes.* Le Poëte latin en savoit plus en politique que les publicistes de nos jours : mais laissons là l'expérience de l'Univers ; on ne veut plus de ce grand maître ; raisonnons, puisque les révolutionnaires ne reconnoissent d'autre puissance que celle du raisonnement.

Les révolutionnaires ont traité la France, comme ils se sont traités eux-mêmes ; depuis trente ans ils se sont affublés de tous les manteaux ; république, directoire, consulat, empire, royauté, tout leur a convenu. Ils pensent qu'il en est de même d'une nation et qu'on peut aussi l'affubler indifféremment de tous les gouvernemens. Cependant un gouvernement n'est point une chose indifférente ; un gouvernement doit être en rapport avec la religion, la morale et les lois de la nation à gouverner. Chaque nation envisagée comme corps politique ayant son caractère particulier, doit avoir un gouvernement approprié à ce caractère. Les nations des quatre parties du monde ont chacune des gouvernemens différens, parce que toutes ont des nuances particulières dans leur état constitutif. Cette nécessité de variations est regardée comme un principe par les révolutionnaires eux-mêmes qui nous disent tous les jours que le progrès des lumières nous a amenés à un point tel que l'ancien gouvernement ne nous convient plus, et qui même nous font un crime d'être nés sous cet ancien gouvernement. Il faut donc des gouvernemens différens aux différentes nations ; et même d'après les révolutionnaires, à la même nation, dans des temps différens.

Maintenant quand le gouvernement ministériel d'Angleterre seroit le plus parfait des gouvernemens possibles, (ce que tout le monde sait n'être pas vrai), il faudroit donc, pour l'appliquer à la France, rechercher s'il y a identité parfaite entre les puissances constitutives de l'état social en Angleterre, et les puissances constitutives de l'état social en France. A cet égard il est une vérité incontestable, c'est que ces puissances ne sont pas les mêmes. Rien n'est plus opposé que le caractère national d'un français et d'un anglais ; les antipodes du monde physique sont moins éloignés entr'eux que ne le sont au moral les habitans de France et ceux d'Angleterre. Pourquoi donc vouloir donner à la France le gouvernement d'un être moral qui n'a aucune ressemblance avec elle ? Pourquoi la revêtir d'une institution étrangère qui n'a nul rapport avec ses lois, ses coutumes, ses usages ? Si un médecin ne connoissoit qu'un spécifique, et qu'il traitât l'homme malade de la poitrine, avec le même remède que l'homme malade du cerveau, on le renverroit à l'école d'Hypocrate. Que faire de nos docteurs révolutionnaires qui ne voient de perfection que dans un seul systême, et qui ne connaissent d'autres remèdes pour guérir les maladies des corps politiques, que le gouvernement ministériel d'Angleterre ?

· Mais, dit-on, la nation française a acquis des lumières ; émancipée par vingt-cinq années de crimes et d'insurrections, son ancien gouvernement ne lui convient plus ; il lui faut un nouveau gouvernement en rapport avec la nature de son émancipation. Sans doute à certains égards, on peut applaudir à la préférence donnée ici à la nation anglaise. Quand on lit son histoire, nul peuple ne mérite plus l'honneur d'être choisi pour modèle en fait de révolutions ; et ce choix est d'un augure certain pour la famille royale de France. En suivant la méthode des mathématiciens, il lui démontre l'inconnu par le connu, et lui présage l'avenir par le passé : mais puisque l'on vouloit changer le mode du gouvernement de France, je demanderai toujours pourquoi l'on a choisi le gouvernement anglais, plutôt que le gouvernement autrichien, plutôt que le gouvernement russe, plutôt que le gouvernement turc surtout, qui eût merveilleusement servi les révolutionnaires, et qui leur eût évité l'odieux de faire faire par des juges, ce qui eût été fait plus convenablement par des muets.

Au surplus il ne faut pas s'y tromper ; ce n'est pas parce que le gouvernement ministériel existe en Angleterre, que les révolutionnaires veulent le donner à la France ; c'est au contraire un contre-temps assez désagréable pour eux de ne rencontrer que chez les anglais une institution qui soit à leur gré. Il ne sera pas inutile de consigner ici la véritable raison de ce choix ; elle servira de nouveau grief à mon accusation.

Le gouvernement ministériel met sans cesse l'autorité souveraine en circulation : dans ce gouvernement, le Roi n'a de la royauté que le nom ; quant à l'autorité elle passe toute entière entre les mains des Ministres ; ce sont les Ministres qui sont les véritables Rois, et qui exercent sans réserve pendant leur élévation momentanée, la souveraineté nationale. Cependant la carrière du ministère est ouverte à tout le monde ; tout le monde peut parvenir à cet exercice partiel de la souveraineté. C'est cette latitude donnée à l'ambition individuelle qui est la véritable cause de l'institution du gouvernement ministériel en France. Comme il ne faut ni vertu, ni inspiration morale pour parvenir à la souveraineté, qu'il suffit du talent et des lumières, choses très-obscures et très-incertaines, chacun s'attribue ce talent et ces lumières, et se livre ainsi à l'espoir d'être Roi de France, pour un sixième ou septième. Cette perspective offerte à tous les français, appuie plus que tous les raisonnemens l'institution du ministère gouvernant. L'idée de pouvoir posséder une partie de la souveraineté, laisse dans tous les esprits une profonde impression qui agite insensiblement la nation ; on se sent d'étoffe à faire un Ministre-Roi, et comme le désir de l'homme, quand ce dernier n'est pas limité par quelque encadrement social, s'élève toujours au plus haut point possible, il n'est point de français raisonneur, qui n'ait senti comme par inspiration l'avantage d'une institution qui lui ouvre le chemin de la position la plus élevée de l'ordre social. Une telle institution peut donner l'essor à des imaginations ardentes et amener des développemens extraordinaires de génie, mais elle sera toujours un mauvais garant pour l'ordre et la tranquillité publique, et surtout ne laissera jamais de sécurité aux familles appelées par la providence, pour la conservation des sociétés.

DEUXIÈME OBJECTION.

Le gouvernement ministériel est accompagné de la responsabilité des Ministres, or cette responsabilité est une garantie infaillible pour l'ordre social.

RÉPONSE.

A entendre les révolutionnaires, on croiroit que l'idée de la responsabilité est une de leurs découvertes ; cependant il n'y a jamais eu de nation, où la responsabilité n'ait été connue. Dans tout pays approchant de la civilisation, le mandataire est responsable; parcourez les gouvernemens anciens et présens, partout vous trouverez la responsabilité des agens de l'autorité. La France n'étoit point étrangère à cette notion; à la vérité, dans l'ancien gouvernement, on ne parloit pas sans cesse de la responsabilité des Ministres, mais de fait on exerçoit l'action née de la responsabilité. Lorsque le Roi rencontroit un Ministre assez audacieux pour porter atteinte à la marche de la société, il donnoit ordre à son Procureur général de le poursuivre, et les cours judiciaires prononçoient; c'étoit-là une responsabilité réelle; en est-il de même dans le gouvernement ministériel?

Voyons d'abord le fait : si l'on en croit les procès-verbaux des chambres, les Ministres qui se sont succédés rapidement depuis le gouvernement ministériel, ont fait toutes sortes d'opérations préjudiciables à la France; les fautes les plus graves leur ont été imputées; les dilapidations les plus grandes leur ont été reprochées; cependant aucune action en responsabilité n'a été intentée contre eux. Dès lors je demande ce que c'est que la responsabilité actuelle; je demande ce que c'est que cette garantie infaillible de l'ordre social qui n'a pas empêché la société d'être bouleversée impunément trois ou quatre fois depuis quatre ans? Si pendant la durée du gouvernement royal, des Ministres avoient été assez mal inspirés pour faire la centième partie du mal reproché

aux agens responsables du gouvernement ministériel, justice en auroit été faite prompte-
ment. Si par une ordonnance du 5 septem-
bre, des Ministres de l'ancienne monarchie
avoient osé jeter à dessein la division
dans la France; si par une doctrine infer-
nale, ils avoient soulevé la classe inférieure
du peuple, en lui faisant accroire que la
partie élevée de la nation n'étoit composée
que de royalistes dangereux qu'il falloit
proscrire une seconde fois; des actes de
l'autorité judiciaire auroient sur le champ
vengé la société. Mais dans le gouvernement ministériel, des Ministres brisent tous
les liens sociaux, rompent l'équilibre des
pouvoirs, nourrissent la nation de sentimens
haineux, et au lieu de réunir les cœurs et
les esprits dans une même idée nationale,
mettent en fermentation toutes les passions
populaires pour établir leur domination; et
l'action de la justice dort à côté de tels
attentats! Et ces faits restent sans vengeance!
Et les individus loin d'être punis reçoivent
pour récompense des titres et des richesses!
Où donc en fait est la responsabilité ?
On me dira peut-être que le mot de responsabilité est écrit dans la Charte, et que
cela doit suffire; on ajoutera que si d'ailleurs la responsabilité n'est pas exercée en
ce moment, c'est que le mode de cet exercice n'est pas encore fixé, mais que les
chambres à venir organiseront ce mode,
et ne laisseront rien à désirer à cet égard.
Je répondrai qu'alors le gouvernement mi-

nistériel donné aujourd'hui à la France n'est qu'une chimère et même une imposture. Si gouvernement ministériel et responsabilité sont deux choses inséparables, si l'une de ces choses ne peut exister sans l'autre, qu'est-ce donc que l'État actuel où nous avons des Ministres et point de responsabilité ? Qu'est-ce qu'une institution formée de deux principes réunis et dont l'un des principes manque absolument ? Qu'est-ce qu'un breuvage composé, dont le malade ne doit prendre que la partie vénéneuse ? Le gouvernement ministériel se forme de deux élémens qui se combinent et se balancent entr'eux : un pouvoir immense qui va jusqu'au despotisme, et une responsabilité certaine qui arrête les abus du pouvoir. De ces deux choses on impose le pouvoir à la nation ; on ne lui donne pas la responsabilité, et puis on lui dit : vous avez le gouvernement ministériel. Est-il une imposture plus grande ? Quoi l'on enlève au Roi de France l'exercice du pouvoir souverain, pour le conférer à des Ministres gouvernans, sous prétexte que le Roi ne peut être responsable, et que les Ministres le seront ; et lorsque le Roi est dépouillé, on se joue audacieusement du prétexte allégué ! Quoi l'on détruit rapidement une institution parfaite, formée par treize siècles de progrès successifs, pour la remplacer par une institution de deux jours, dont toute la bonté ne consiste qu'en une seule chose, la responsabilité ; et lorsque la destruction

est

est faite, il se trouve qu'il n'y a point de responsabilité établie ; il se trouve que les nouveaux souverains sont des maîtres absolus, qui ne doivent de compte à personne et qui peuvent tout ce qu'ils veulent ! Et c'est au siècle des lumières que de pareilles fourberies sont pratiquées ; c'est une nation élevée en civilisation que l'on traite ainsi ! Non, flatteurs impudens, vous avez beau vanter le progrès des lumières et l'avancement de la civilisation, l'Univers ne vous en croit pas, et la postérité ne vous en croira pas davantage. Elle jugera, cette postérité, que la France avoit perdu toute énergie et toute élévation morale, lorsqu'elle s'est laissée ainsi mettre sous le joug ministériel. Elle jugera qu'il n'y avoit plus chez les français, ni lumières, ni sentiment, ni amour, lorsqu'ils abondonnèrent lâchement une institution toute morale, qui ne leur avoit fait que du bien, pour se mettre sous la puissance de volontés individuelles qui déjà leur avoient apporté tous les fléaux possibles.

Mais, dit-on, la loi de responsabilité sera rendue à la session prochaine : eh bien, attendez donc à la session prochaine, Ministres si pressés de gouverner ; attendez donc que l'institution du gouvernement ministériel soit complète ; attendez donc que les deux parties nécessaires au tout, aient été combinées ensemble ; attendez enfin que la chose soit créée. Alors du moins vous serez les agens d'une institution véritable ;

***

alors vous pourrez suivre les inspirations d'un établissement organisé, alors vous serez les véritables mandataires de la nation. Aujourd'hui que vous voulez exercer un pouvoir qui n'est pas encore né, vous n'êtes rien que des imposteurs ; hommes présomptueux qui voulez remplacer des institutions, retirez-vous : laissez à la France son antique royauté, laissez-lui cette bienveillante autorité, forte de quatorze siècles d'existence, et ne lui donnez pas pour la gouverner un embryon politique qui n'a pas encore reçu la vie.

Nous venons de voir en fait ce que c'est que la responsabilité actuelle du gouvernement ministériel de France ; voyons maintenant ce que c'est que la responsabilité en elle-même, et l'idée véritable qu'il faut en prendre.

La responsabilité n'est applicable qu'aux actes particuliers de l'administration, et non à proprement parler à l'exercice de la souveraineté. La force des choses a toujours attaché l'inviolabilité à l'exercice du pouvoir souverain. Soit que ce pouvoir ait été confié à une seule personne ou à un corps collectif, jamais on n'a parlé de la responsabilité de l'être moral appelé gouvernement. De quoi en effet pourroient être responsables les gouvernemens ? Seroit-ce des effets produits par les lois ; mais si les lois sont mauvaises, ou si comme, depuis la révolution, elles ont été détruites, pour être remplacées par des conceptions de haine ét de terreur, comment imputer aux gouvernemens des résultats qui ne sont pas de leur fait ? Seroit-ce du renversement des lois que les gouvernemens seroient responsables ? mais la destruction des lois est du domaine de la force, et l'idée de responsabilité disparoît où ne règne que la force. Quand il n'y a plus de corps social, qui appliquera la responsabilité ? Qui a puni l'assemblée constituante de ses destructions ? Qui a vengé la France des crimes et des atrocités de la convention ?

La responsabilité contre un gouvernement ne peut être qu'une chose illusoire. Etre responsable, c'est réparer le dommage que l'on a occasionné, c'est donner la compensation des maux que l'on a faits. Comment un ministère gouvernant pourroit-il réparer les malheurs qu'il lui est possible d'amener ? Si un ministère avoit livré la France à la discrétion des puissances étrangères, s'il avoit obéré l'Etat de plusieurs milliards, si par une confusion combinée de toutes les idées morales, il avoit semé la division dans la nation, s'il avoit infecté l'état de principes démagogiques, si enfin il avoit mis la gangrène dans le cœur du corps politique; quelle indemnité donneroit-il pour tant de maux, quelle réparation seroit possible contre tant de plaies ? Les faits des gouvernemens sont irréparables, voilà pourquoi on leur donne le caractère de l'inviolabilité. Offrir la responsabilité comme garantie contre les fautes du gou vernement, est une de ces impostures philosophiques avec lesquelles on a perdu la France depuis 1789 ; c'est le miel destiné à recouvrir les bords du vase empoisonné : il n'y a que des individus qui puissent être responsables. Des Ministres administrateurs sont responsables , parce qu'ils ont un mandat déterminé ; un gouvernement n'est point responsable parce qu'il n'est pas mandataire. La responsabilité en fait de gouvernement n'est qu'un développement du principe révolutionnaire de la souveraineté du peuple ; c'est un des chapitres de l'insurrection établie par les docteurs nouveaux, comme le devoir le plus essentiel des citoyens.

Que nos modernes créateurs s'entendent peu en créations ! Ce n'est pas par la responsabilité des individus qu'on maintient des institutions sociales. Des sentimens inspirés peuvent prévenir les fautes des gouvernemens, mais les tribunaux ne peuvent les punir parce que les fautes qui proviennent des institutions ne sont pas du domaine de la justice humaine. Lorsque Dieu créa l'homme, il ne lui donna pas des lois de responsabilité et des tribunaux pour assurer son existence et sa perpétuité ; il lui inspira des sentimens conservateurs, et l'espèce humaine s'est étendue dans tout l'Univers. Les créateurs des anciennes sociétés qui pourroient bien n'être que le même Dieu qui a fait l'homme, avoient également bien entendu leurs créations, lorsqu'au lieu d'établir des lois de responsabilité contre les gouvernemens, ils avoient mis dans les institutions mêmes des principes préventifs qui empêchoient le mal d'arriver. Par exemple, ils avoient merveilleusement constitué la royauté en France, en arrangeant les choses de manière que le dépositaire de l'autorité souveraine, ne put pas mal vouloir, sans un accident hors du cours ordinaire des choses. Par-là, ils avoient bien mieux fait que de laisser le pouvoir souverain aller à l'aventure, et de le menacer d'être responsable quand il feroit mal. Dieu seul punit les faits sortis des institutions mal fondées en permettant la dissolution des nations qui les ont adoptées, mais les hommes ne peuvent réparer des fautes qui sont le résultat de causes au-dessus d'eux.

Ces principes posés, faisons en l'application au gouvernement ministériel. Dans le gouvernement ministériel, les Ministres agissent sous deux rapports ; comme conseil de Ministres, ils forment le gouvernement, et exercent le pouvoir souverain ; comme individus et rentrés dans leur hôtel particulier, ils deviennent administrateurs et exécutent chacun dans leur partie les ordres qu'ils se sont donnés comme gouvernement. Tirons les conséquences : comme comité gouvernant, les gouvernemens ne sont pas responsables, donc point de responsabilité dans ce cas. Comment d'ailleurs un corps collectif pourroit-il être respon-

sable, comment atteindre par la responsabilité une délibération qui n'est pas un
fait ? Un corps délibérant ne produit de
résultat que par la majorité des voix, par
quel moyen connoître cette majorité ? La
minorité s'est opposée au vœu délibéré,
sera-t-elle punie de son opposition ? Responsabilité de la part d'un comité délibérant
est une véritable dérision. Est-ce comme
administrateurs que les Ministres seront re-
cherchés ? Comme administrateurs, ils ne
font qu'exécuter les ordres du gouvernement, de quoi seroient-ils responsables ?
Pour qu'il y ait responsabilité, il faut nécessairement deux pouvoirs distincts. L'un
qui ordonne, et l'autre qui obéit, mais
entre les mêmes individus revêtus d'un
double caractère, confondant en leurs personnes le mandant et le mandataire, toute
idée de responsabilité disparoît. Le Ministre
administrateur sera-t-il d'ailleurs responsable d'un fait à la conception duquel il
s'est peut-être opposé dans le Conseil. Si
le Conseil a arrêté de mauvaises mesures
militaires, le Ministre de la guerre sera-t-il
responsable de les avoir prises? Si le Conseil
a pris de fausses bases en finances, le Ministre des finances sera-t-il puni pour les
avoir mises à exécution ? Il faut le dire
ouvertement ; tout est illusion, tout est chimère, tout est imposture dans la responsabilité du gouvernement ministériel. L'idée
de responsabilité n'est ici qu'une conception
astucieuse, mise en avant pour leurer la

nation française ; ce n'est qu'un piège tendu à sa loyauté et à sa franchise.

Je termine par une réflexion qui sera le dernier grief de mon accusation contre le gouvernement ministériel ; c'est que cette institution n'est pas composée d'élémens assez purs pour la nation française ; il faut à la France un gouvernement généreux ou puissent se développer les belles qualités de l'âme qui sont comme les produits de son territoire. Le gouvernement ministériel pris des anglais, est une institution mercantile où tout se vend et s'achète jusqu'au bien public. Ce n'est pas là ce qui convient à une nation dont la passion chérie est l'honneur, et qui seule dans l'histoire du monde a bien connu et développé ce noble sentiment. Laissons aux anglais leurs sombres vertus ; qu'au milieu de leurs brouillards ils gardent leur gouvernement perfide et leurs grands hommes raisonneurs. Pour nous fidèles à la foi de nos pères, continuons le développement de nos brillantes qualités, suivons la trace de ces anciens français admirés de tout l'Univers, gardons nos héros modernes dont tous les crimes révolutionnaires n'ont pu ternir la gloire, et nourrissons par-dessus tout ce feu sacré qui brûle si ardemment pour nos Rois depuis quatorze siècles.

Je conclus à ce que conformément aux constitutions françaises, modifiées par la Charte royale, le dépôt de l'autorité souveraine soit continué à la famille royale,

et l'exercice de cette même autorité remis
à la personne du Roi ; je conclus à ce que
les Ministres du Roi, rendus à leurs fonctions d'administrateurs, cessent d'être invio-
lables et de se proclamer les souverains de
la France ; je conclus enfin à ce que le
gouvernement ministériel avec toutes ses
dépendances, soit rendu au néant dont il
n'eût jamais dû sortir.

A. L. TAILLANDIER.

A Sens, de l'Imprimerie de Th. Tarbé.